AF360091

HERNE
LE CHASSEUR,
OPERA BOUFFON,
EN DEUX ACTES.

Par M. DOUIN, Capitaine d'Infanterie.

Prix 18 fols.

A PARIS,
DE L'IMPRIMERIE DE L. CELLOT;
RUE DAUPHINE.

M. DCC. LXXIII.

AU PUBLIC.

J'AI trouvé dans Shakespear un sujet que j'ai cru excellent pour en faire un Opéra Comique : Je l'ai traité de mon mieux. Ai-je réussi ? Que le Public en décide.

J'ai communiqué les Ariettes à M. Philidor, qui en a été assez content pour se charger d'embellir ma Piece par ses talens bien connus du Public. Amateur moi-même de la Musique, j'ai tâché que les paroles fussent adaptées aux différens genres, afin qu'elles fussent d'autant plus susceptibles d'exprimer l'action par la musique. Quand tout a été fini, je me suis présenté au Semainier de la Comédie Italienne, qui ma envoyé à M. Anseaume, Juge en dernier ressort pour cette Compagnie, du mérite des Pieces, & du suffrage futur du Public. Voici sa sentence,

« *Herne le Chasseur* est bien composé, les Ariettes
» sont bien versifiées & remplies de choses. Le sujet
» bien suivi va d'un pas égal de l'exposition au dé-
» nouement : Cette Piece eût eu un grand succès il
» y a dix ans, encore plus il y a vingt ans, mais
» elle ne réussiroit pas aujourd'hui, à moins que l'on
» n'y mette des épisodes hors-d'œuvres, des mots,
» des riens ».

Mon avis est de n'en rien faire : j'attendrai que M. Anseaume croye le Public revenu à résipiscence, pour voir jouer ma Piece telle qu'elle est avec succès, & je n'en désespere pas encore ; mais je l'imprime, & la mets sous les yeux du Public connoisseur, mon Juge né, afin, ou que son suffrage me console de n'être pas du goût de M. Anseaume, ou que sa censure toujours juste, & toujours éclairée, me trace une autre route que je me ferai alors gloire de suivre.

A ij

ACTEURS.

Madame LE PAGE, Mere d'Emilie.

Madame LE GUÉ, Voiſine de Mme. Le Page.

EMILIE, Fille de Madame Le Page.

LE COMTE DES BROUILLARS, Chevalier d'Induſtrie, Amoureux d'Emilie.

VALERE, Amant d'Emilie.

*La Scene eſt à Windſor & dans la Forêt
adjacente.*

Le Comte des Brouillars.

Me voicy donc Metamorphosé en Cerf
de la Forêt de Windsor. Acte 2. Scene 1.

HERNE LE CHASSEUR,

OPÉRA BOUFFON.

ACTE PREMIER.

Le Théatre repréfente une Place publique, & une maifon fur chaque côté du Théatre.

SCENE PREMIERE.

VALERE *feul.*

Air.

DIVINE Emilie;
Bonheur de ma vie,
Loin des yeux jaloux,
L'heure au rendéz-vous
Conduit ton Valere:
Les momens font courts,
Chere amante, accours.

Ah! daigne fouftraire,
Puiffant Dieu des cœurs,
Aux yeux d'une mere
A nos vœux contraire,
Nos tendres ardeurs.

A iij

D'un rival odieux qu'à nos feux on oppofe,
Daigne nous délivrer, notre flamme eft ta caufe ;
Exauce, tu le dois, exauce enfin nos vœux :
Tu nous rendis amans, Amour, rend-nous heureux.

Divine Emilie,
Bonheur de ma vie,
Loin des yeux jaloux,
L'heure au rendez-vous
Conduit ton Valere :
Les momens font courts,
Chere amante, accours.

Ah ! daigne fouftraire,
Puiffant Dieu des cœurs,
Aux yeux d'une mere
A nos vœux contraire,
Nos tendres ardeurs.

SCENE II.
EMILIE, VALERE.

VALERE, *courant au devant d'Emilie.*

EH bien, belle Emilie, notre bonne voifine M^de Le Gué a-t-elle réuffi auprès de votre mere ? Vous paroiffez interdite ! Ah ciel ! votre filence m'en dit affez : ne nous refte-il donc plus d'efpérance ?

EMILIE.

Non, Valere, ceffons de nous flatter d'être jamais unis par les nœuds les plus doux. Ma mere plus entêtée que jamais du Comte des Brouillars, non-feulement a rejetté bien loin les propofitions de Madame

Le Gué, mais a porté la cruauté jufqu'à intérefser contre
vous mon devoir, en me défendant abfolument de
vous revoir jamais.

V A L E R E.

Air.

Et vous obéirez, cruelle,
Vous m'ôterez jufqu'à l'efpoir !
A mon tendre amour, infidele !
Vous ofez parler de devoir !

E M I L I E.

Non, non, je ne fuis pas cruelle,
J'immole le plus doux efpoir :
Peut-on appeller infidele
Qui cede à la loi du devoir ?

V A L E R E.

De quel devoir parlez-vous, inhumaine ?
L'amour, témoin de vos fermens,
Abjure de tels fentimens,
Ils reffemblent trop à la haîne.
Un cœur fenfible, un cœur fidele, hélas !
Ne fait qu'aimer, il ne raifonne pas.

E M I L I E.

Oui, cher Valere, ici je te le jure ;
Si deux ames vivoient en moi,
La feconde feroit à toi :
Mais la premiere a la Nature ;
Ainfi qu'Amour cette Reine a fes loix,
Mon trifte cœur obéit à fa voix.

A iv

D U O.

VALERE.	EMILIE.
Et vous obéirez, cruelle ;	Non, non, je ne suis pas cruelle
Vous m'ôterez jusqu'à l'espoir !	J'immole le plus doux espoir :
A mon tendre amour, infidele !	Peut-on appeller infidelle
Vous osez parler de devoir !	Qui cede à la loi du devoir ?

VALERE.

Oui, cruelle, oui ! Eh ! vous ne méritez que trop ce nom funeste ; ne m'aviez-vous pas fait espérer que si votre mere s'opposoit trop obstinément à notre bonheur, vous emploieriez tous les moyens imaginables pour unir votre sort au mien ? Vous changez aujourd'hui de langage ; votre mere me proscrit, & vous signez aveuglément l'arrêt de ma mort. Non, vous n'avez jamais aimé Valere.

EMILIE.

Air.

Je vous aime, cher Valere ;
Eh ! pourriez-vous en douter ?
Mais, des transports d'une mere ,
J'aurois trop à redouter.

Majeur.

Que nos feux m'ont causé d'alarmes !
Hélas ! qu'ils m'ont coûté de larmes !
» Voyez , me dit-elle souvent ,
 » De cet enfant
» Et la manie & le caprice :
» Oh, je prétens qu'on m'obéisse
» Et que tout ce tracas finisse :

```
„ Oui , croyez-moi , ma chere enfant ,
„ Votre tendre & fidele amant ,
    „ Votre Narciffe
  „ Vous vaudra fûrement
      „ Le couvent.
```

Je vous aime , &c:

Mineur.

```
    Une autrefois elle déplore ,
Mais d'un ton plus touchant encore ;
Le malheur des tendres parens ,
        Dont les enfans
Ont empoifonné la vieilleffe :
Bientôt la douleur qui la preffe
La fuffoque : elle me careffe ,
Elle me ferre entre fes bras ,
Et dans mon tendre cœur, hélas !
      Sur ma tendreffe ,
    La nature , tout bas ,
        Prend le pas.
```

Je vous aime , &c.

Mais j'entends ma mere, fuyez. Si vous m'aimez encore, évitez fes regards.

V A L E R E.

Et que m'importe, à moi, quand tout efpoir m'eft ravi ?

E M I L I E.

Hélas ! quand je cherche à dérober à fa connoif-fance nos entretiens fecrets, n'eft-ce pas affez vous dire que mon cœur vous permet encore d'efpérer quand ma bouche vous le défend ?

Valere fort.

S C E N E   I I I.

Mᵐᵉ LE PAGE, Mᵐᵉ LE GUÉ, EMILIE.

Mᵐᵉ L ᴇ G u é.

JE fais bien bon gré à mon étoile, ma chere voisine, de vous avoir conduit chez moi au moment que j'ai reçu le billet-doux du Comte ; car assurément je lui eusse répondu de façon à lui ôter l'envie de m'en écrire un second, & nous aurions par conséquent été privées du plaisir que nous donnera le tour que nous devons lui jouer cette nuit; & certes c'eût été grand dommage, car, vous le savez, voisine :

Air.

Une femme
Pardonne aisément
L'infidélité d'un amant ;
La Dame
Gagne, en le perdant,
Le plaisir touchant
Du changement ;
Mais il n'est pas une Lucrece,
Qui, pour se venger d'un mépris,
N'immolât jusqu'à sa tendresse,
L'offenseur fût-il un Pâris.

Une femme, &c.

Mᵐᵉ L ᴇ P A G ᴇ.

Sans doute, & à plus forte raison, l'offenseur se trouvant être un scélérat qui usurpe un titre brillant pour obtenir ma fille, tandis qu'il prétend vous deshonorer & vous mettre à contribution pour soutenir à mes yeux l'état dont il se targue impudemment.

EMILIE.

De qui parlez-vous donc, maman ? Ce que vous dites me paroît une énigme, & cependant je sens une joie secrette dont j'ai peine à réprimer les mouvemens.

Mme LE GUÉ.

Votre cœur vous sert bien, belle Emilie ; Mme Le Page va vous instruire de votre bonne fortune. Pendant ce tems-là, voisine, je vais aller prévenir nos acteurs & tout préparer pour le divertissement que nous devons nous procurer cette nuit aux dépens du Comte.

Mme Le Gué sort.

SCENE IV.
Mme LE PAGE, EMILIE.

Mme LE PAGE.

Emilie, voici, en deux mots, l'explication de l'énigme. Le Comte des Brouillars, que je voulois vous donner pour époux, se trouve être un Chevalier d'industrie du premier ordre. J'avois bien pris des précautions pour m'informer à fonds de son rang & de sa fortune avant de terminer avec lui, mais le hasard nous a mieux servi que je ne l'espérois. . . . .

E M I L I E *interrompant sa mere.*

Ah, maman ! Valere peut donc encore se flatter . . . .

Mme L E   P A G E *l'interrompant.*

Laissez - moi finir, Mademoiselle. Peste, comme vous saisissez les choses !

Air.

Une fille,
Fringante & gentille,
Dans l'espoir de l'heureux moment,
Pétille,
Et grille
D'être unie à son tendre amant.

Si la maman,
Prudemment
Et pour cause,
S'oppose
Au mouvement
Vif & charmant
Que l'on ressent
En aimant,
La petite a la bouche close,
N'ose
Objecter la moindre chose
Aux loix que maman impose ;
Mais si, d'accord avec son cœur,
La Bonne approuve son ardeur.

Une fille, &c.

Ecoutez-moi donc sans m'interrompre davantage : l'Intrigant, Valet du Comte, aime Lisette ma Femme de chambre ; cette fille adroite a su tirer parti de son amour pour avoir communication d'une lettre que le

Comte écrit à un de ses amis actuellement aux eaux de Bath, chevalier d'industrie comme lui. La voici :

Au Chevalier Ambidextre.

« Je suis fâché, mon ami, que le jeu ne soit pas » plus brillant aux eaux de Bath. J'ai grand besoin » de nouveaux fonds pour me soutenir ici sur le ton » de Comte des Brouillars, & si je n'y réussis, nous » perdons la dot de la petite Emilie, que je dois » épouser dans quinze jours au plus. Tâche donc de » faire un effort ; je vais me retourner de mon côté. Il » y a ici une Mme Le Gué, dont le mari, fort riche, » est absent, & à laquelle il laisse le maniement des » especes, je vais lui faire l'amour : elle m'aimera, » j'en suis sûr ; & elle se rendra trop bien justice, » sans doute, pour penser qu'un joli homme & une » femme de quarante ans doivent faire l'amour à but ».

Le Comte des Brouillars.

E M I L I E.

Quel bonheur pour Valere, que vous ayez intercepté cette lettre !

Mme L E P A G E.

Paix donc ; heureusement j'avois cette lettre sur moi quand Mme Le Gué m'est venu faire part du billet-doux du Comte ; & nous avons déjà formé notre plan pour berner le Comte, en lui faisant croire qu'il est aimé. Sa fatuité n'a pas manqué d'être de concert avec nous, pour le faire tomber dans le piege.

Sur l'air : *Nous sommes précepteurs d'amour, &c.*

Un petit-maître parfumé
Croit plaire dès qu'il veut paroître ;
Moins on est digne d'être aimé ,
Plus on croit avoir droit de l'être.

EMILIE.

Je ne comprends encore rien à toute cettte histoire.
Pourquoi Mme Le Gué feint-elle de l'amour pour le
Comte ?

Mme LE PAGE.

Ecoutez jusqu'à la fin. Elle a répondu à sa lettre par
une toute passionnée ; &, pour l'aveugler encore mieux,
lui a fait une offre illimitée de sa bourse. Le Comte
lui en est venu faire des remerciemens pleins de transports, & elle a fini par lui donner rendez-vous pour
cette nuit, dans la forêt.

EMILIE.

Un rendez-vous pendant la nuit, dans la forêt ! Ah ,
maman ! elle risque beaucoup. Vous m'avez appris
cette petite chansonnette :

Air.

Craignez, jeune Lison, craignez plus que les loups ;
Dans la forêt, Collin au pied du hêtre ;
La Bergere est maîtresse avant le rendez-vous,
Au rendez-vous le Berger est le maître.

Mme LE PAGE.

Cette morale est excellente, Emilie. Puissiez-vous
ne la jamais oublier ! mais le rendez-vous de Mme Le
Gué avec le Comte ne peut jamais tourner qu'à la

confusion de celui-ci. Vous avez mille fois entendu parler de Herne le Chasseur.

E M I L I E.

Oui, mais je ne me rappelle pas parfaitement son histoire.

Mme L E P A G E.

La voici : c'est un vieux conte auquel son antiquité a donné un air vénérable, qui le fait respecter des nourrices, des enfans & des sots. Ecoutez cette fable ridicule.

Un certain Herne, fameux chasseur, fut autrefois garde de cette forêt. Ils prétendent que son ombre revient très-souvent, en cette saison, dans notre forêt de Windsor, s'amuser à minuit à se promener autour d'un gros chêne creux, que l'on appelle, pour cette raison, *le chêne de Herne*. Là, Herne vêtu de la maniere la plus effrayante, ayant des cornes hideuses sur sa tête, & traînant une longue chaîne avec laquelle il fait un bruit affreux, tue les arbres, enleve le bétail, ensorcelle les chevres. Vous avez ouï conter toutes ces sottises.

E M I L I E.

Oui, je me rappelle tout cela on ne peut mieux.

Mme L E P A G E.

Eh bien, c'est dans la forêt, à minuit, & au pied du fameux chêne de Herne, que Mme Le Gué a donné rendez-vous au Comte, qui doit y venir déguisé en Herne le Chasseur, afin , comme le lui fait accroire Mme Le Gué) d'épouvanter & d'écarter les fâcheux & les importuns.

E M I L I E.

Vous redoublez ma surprise sans éclaircir mes doutes.

Mme L E P A G E.

Valere (que vous mettrez dans le secret) avec quelques-uns de ses amis, votre petit frere, vous & quelques-unes de vos compagnes . . . . (*s'interrompant elle-même*). Venez, venez; je vais vous instruire à la maison du reste de vos rôles.

E M I L I E, *très-satisfaite.*

Oui, maman, oui, maman, & Valere! . . . . Je pourrai donc? . . . . Ah, Valere!

Mme L E P A G E.

J'approuve la recherche de Valere ; je lui donne votre main; & le divertissement que nous nous proposons d'avoir cette nuit servira comme de bal à votre noce, qui ne sera retardée que jusqu'à demain.

SCENE V.

S C E N E V.

Mme LE PAGE, EMILIE, VALERE.

V A L E R E, *accourant vers Mme Le Page.*

AH, Madame ! excufez ; j'étois à deux pas, & j'ai entendu toute votre converfation.

Mme L E P A G E.

Tant mieux, tant mieux ; point d'excufes ; je vous prens pour mon gendre.

(*A Valere qui veut embraffer fes genoux.*)

Treve de remerciemens ; ne penfons à préfent qu'à bien étudier nos rôles. Je vais achever de tout arranger avec la voifine : fuivez-moi, Emilie. Et vous, Valere, revenez nous joindre au plutôt.

(*Mme Le Page & Emilie fortent.*)

S C E N E V I.

V A L E R E, *feul.*

SUIS-JE bien éveillé ? Un fonge trompeur ne m'offre-t-il pas l'image d'une brillante chimere ? Le paffage fubit de la douleur à la joie me plonge dans une efpece d'anéantiffement.

Air.

Dans les horreurs de l'orage ,
Les vents exercent leur rage
Contre le frêle vaiffeau ;
Le Matelot voit l'image

B

Du plus effrayant naufrage,
Et dans le ciel & dans l'eau :
Il se croit loin du rivage,
Dans chaque flot n'envisage
Que la mort & le tombeau.

Mais déjà le soleil a percé le nuage ;
Le rivage paroît où l'on voyoit la mort ;
Le Pilote en profite, & bientôt à l'Ancrage ;
Doute encor s'il existe en se voyant au Port.

Dans les horreurs, &c.

Fin du premier Acte.

ACTE II.

(La nuit est très-obscure. Le théâtre représente
la forêt de Windsor. On y voit un gros chéne
creux & isolé.)

SCENE PREMIERE.

LE COMTE DES BROUILLARS *seul.*

(Il est grotesquement habillé en Herne le Chasseur ;
il a les reins ceints d'une longue chaîne de fer qu'il traîne :
sa tête est chargée d'un bois de cerf ; il porte d'une main
un fusil & de l'autre une lanterne sourde.)

Air.

A mon triomphe accours, Dieu de Cythere ;
C'est à moi seul que tu dois, cette nuit,
L'encens qu'allume à ton profit,
En ces bois, ma flamme éphémere.

    Le voici, cet heureux instant ;
    Où, d'une légere contrainte,
    Pour me rembourser le montant,
    Plutus veut bien payer ma feinte
    En Financier généreux,
    Sans être par trop vétilleux.

A mon triomphe accours. Dieu de Cythere ;
C'est à moi seul que tu dois, cette nuit,
    L'encens qu'allume à ton profit ;
    En ces bois, ma flamme éphémere.

(Il pend sa lanterne sourde à une branche du chêne.)

Me voici donc métamorphosé en cerf de la forêt de Windsor ! Et si, pour venir à bout de ma galante entre-prise, il eût fallu me transformer en oie ou en dindon, je n'eusse pas balancé un moment à m'emplumer.

Air.

Voilà donc,
Voilà comme
Cupidon
D'un dindon
Rarement fait faire un homme ;
Voilà comme
Cupidon
A le don
De faire un dindon d'un homme.

Jupin, dit-on, se fit taureau :
Pour un Dieu la noble envelope !
Et, sur son dos, fit passer l'eau
A la jeune & galante Europe :
Sur nos côtes il aborda,
Et de la belle le Dada
De l'Europe planta les bornes,
Et nous fit présent de ses cornes.

Voilà donc,
Voilà comme
Cupidon
D'un dindon
Rarement fait faire un homme ;
Voilà comme
Cupidon
A le don
De faire un dindon d'un homme.

On trouve encor dans l'Agenda
De Cupidon que, pour Léda,
Le maître des dieux se fit cigne.
Léda, sans doute, en étoit digne :
Mais si le cigne n'eût été
Du goût de la jeune beauté,
Plutôt que de manquer sa proie,
Jupiter se seroit fait oie.

Voilà donc, &c.

Sur l'air de Nina.

Sous cet attirail redouté,
    Je vais donc, en cachette,
Caresser, dans l'obscurité,
    Ma gentille bichette !

(*M*me *Le Gué paroît avec une lanterne.*)

Seroit-ce elle que je vois-là ?
Pour le savoir appellons-là,
    Voyons cela.
    Qui vive ! hola !

SCENE II.

LÊ COMTE, Mme LE GUÉ.

Mme L E G U É, *finiffant l'air précédent.*

O U I, me voilà;
Me voilà,
Là.

L E C O M T E.

Air.

Sur l'aîle du Plaifir
Le defir
Conduit ici, ma Belle;
L'amant le plus fidele.

Mme L E G U É.

Témoin de nos plaifirs,
Les zéphirs
Couvriront de leurs aîles
Nos amours mutuelles.

D U O.

Nous devons tout notre bonheur
A l'amoureufe obéiffance;
Et nos cœurs, des traits qu'Amour lance;
Ne connoiffent que la douceur.

L E C O M T E.

Je puis donc enfin, belle Madame Le Gué, loin des yeux jaloux, vous donner des preuves finceres de l'amour le plus tendre, &.....

B iij

(*On apperçoit , dans le lointain , la lumiere
des flambeaux des Satyres & des Fées.*)

Quelle éclatante lumiere ! Serions-nous trahis ?

Mme L E G U É , *fuyant.*

Ah, Comte ! Sauvons-nous, je fuis perdue.

(*Le Comte entre dans le chêne creux.*)

S C E N E   I I I.

LE COMTE, *caché dans le chêne*, VALERE,
EMILIE, & leurs fuivans, déguifez en Satyres
& en Fées.

U n S a t y r e *chante.*

O vous , qui des mortels fuyez les yeux prophanes ;
Étres aux corps légers & diaphanes ,
Dont la puiffance , après les avoir animés ,
Les rend à l'Air dont ils furent formés ;
Pour célébrer votre préfence ,
Les Faunes de ces bois
Viennent mêler à vos aimables voix
Les pas de leur ruftique danfe.

(*Danfes des Satyres & des Fées.*)

L e C o m t e , *à part.*

Oh Ciel ! je n'avois jamais voulu croire aux Fées,
mais il n'y a plus moyen d'en douter. Tout homme ,
dit-on, qui a l'audace d'obferver leurs myfteres, paie
fa témérité par une mort prompte & cruelle : je vais
me cacher & fermer les yeux. Maudit rendez-vous !

LA REINE DES FÉES.

Récitatif (1).

Que chacune de vous, à mes ordres docile,
A son poste d'un pas agile
Se rende, quand ici nous aurons fait un tour,
Pour y rester jusques au point du jour.

(A la Fée Grillonne.)

Vous, Grillonne, les destinées
Vous confinent aux cheminées.
Si l'âtre n'est pas net, ou le feu bien couvert,
Pincez-moi la Servante ;

(A l'Esprit Follet.)

Et vous, petit Robert,
Qu'on appelle Follet, vîte à votre écurie ;
Pansez bien les chevaux, & battez le Cocher.

(A la Fée Cochemare.)

Cochemare, allez-vous coucher ;
Si quelque Bergere jolie
Dort sur le dos, éveillez-la d'abord :
Un tel sommeil est dangereux aux filles ;
Et j'en ai connu de gentilles
Auxquelles il a fait grand tort.

(On reprend la danse.)

UNE FÉE.

Dans le palais répandons-nous, mes sœurs,
Et des mortels prévenant les malheurs,
De leurs enfans veillons à la naissance :
Que, par notre heureuse assistance,
Ils reçoivent les dons, & purs, & précieux,
D'être contens & vertueux.
Mais, avant de quitter ce séjour agréable,
Suivant l'usage invariable

(1) Tout le reste de cette scene est récitatif.

B iv

Que nous obſervons dans ces lieux;
Danſons autour du chêne creux
Que d'Herne le chaſſeur conſacra la mémoire.

*(Danſe des Fées & des Satyres autour du chêne. Les
Fées & les Satyres, après avoir tourné une ſeule fois
autour du chêne, s'arrétent ſur le champ en faiſant
un geſte d'horreur.)*

U N E F É E.

Quelle horreur ! J'en ſuis ſûre, & vous m'en pouvez croire.
Un homme, caché dans ces lieux,
Oſe porter ſes regards odieux
Juſques ſur nous & ſur nos rites;
De Corpuſcules inſolites
Je ſens les épaiſſes vapeurs. . . . ?
Jugez-en vous-mêmes, mes ſœurs.

(Toutes les Fées jettent un cri & ſe mettent à chercher.)

U N S A T Y R E

(Saiſiſſant le Comte & le faiſant ſortir du chêne creux.)

Le voici celui dont l'audace
Oſe ici troubler vos plaiſirs;
Reine, que faut-il qu'on lui faſſe ?

L A R E I N E.

Si le haſard, & non d'impurs deſirs,
L'ont conduit au pied de ce chêne,
Nous le ſaurons; la Fée Energumene,
Dans le moment pourra s'en aſſurer,
Il ſera libre alors.
(A la Fée Energumene.)
Vous pouvez opérer.

La Fée Energumene, *à la Fée Farfadet.*

Farfadet, le feu symbolique
De votre admirable flambeau
Des cœurs impurs est le fléau ;
Touchez-en ce mortel ; si son ame est pudique,
La flamme, au lieu de le brûler,
Contre les loix de la Nature
Redescendra, loin de lui faire injure ;
S'il sent quelque douleur, nous devons l'immoler :
Il est impur ; la preuve est sans réplique.

(*Farfadet brûle le Comte avec sa torche.*)

Le Comte, *criant.*

Oh ! oh ! oh !

La Reine.

Impur, impur, quelle odeur Asphaltique
Exhale sa coupable chair !
Filles de l'Air,
Pincez, brûlez ; que chacune s'avance,
Suivant nos loix, en mesure, en cadence ;
Et, de peur que ce monstre, haïssable, odieux,
Ne tente, quoiqu'en vain, d'échapper de ces lieux,
Qu'on l'attache avec cette chaîne,
Au chêne.

(*On attache le Comte au chêne. Les Fées & les Satyres
danfent autour de lui, le pincent & le brûlent.*)

Le Comte *crie.*

Oh ! oh ! oh ! oh !

(*Le divertiffement est interrompu par un bruit de cors
de chaffe. Arrivent Mme Le Gué, Mme Le Page,
& plufieurs perfonnages muets de leur compagnie,
en habits de chaffe.*)

SCENE IV.

LE COMTE, enchaîné au chêne, Mme LE GUÉ,
Mme LE PAGE, EMILIE, VALERE, Fées,
Satyres & Chasseurs.

Mme LE PAGE.

EH bien, M. le Comte, comment trouvez-vous cette
petite fête ?

Mme LE GUÉ.

Que dites-vous des femmes de Windsor, M. le
Comte ?

EMILIE.

Sur l'air : *De tous les Capucins du monde.*

> Ce n'étoit pas-là votre compte ;
> Ecrivez à Bath, mon cher Comte :
> Dédommagez-vous au brelan ;
> Ma dot, en bonne ménagere,
> Je la laisse aux soins de maman ;
> Ma main, je la donne à Valere.

(Emilie donne la main à Valere.)

LE COMTE.

Que j'écrive à Bath ! ô ciel ! je suis joué, trahi ;
ah, maraut de Valet !

(Le Comte se déchaîne & , en se tourmentant, ses
cornes tombent ; il veut les ramasser, mais
Mme Le Gué le prévient & dit, en les relevant :)

Mme L E G U É.

M. le Comte, vous deſtiniez une paire de cornes à mon mari, trouvez bon que je garde celles-ci pour lui en faire préſent de votre part.

(Tous ſe moquant du Comte.)

Ah ! ah ! ah ! ah !

(Le Comte ſort bruſquement.)

S C E N E V^e E T D E R N I E R E.

Les Acteurs précédens.

Mme L E P A G E à *Emilie & à Valere.*

Mes enfans, nous nous ſommes bien réjouis, il ne nous reſte plus qu'à dreſſer le contrat.

V A L E R E.

L'intérêt n'entre pour rien dans ma recherche, Madame, & nous pourrions nous en paſſer.

Mme L E P A G E.

Non pas, s'il vous plaît.

Sur l'air : *Ne m'entendez-vous pas.*

> A ton mot en ce jour
> Si je voulois te prendre,
> Je te croirois, mon gendre,
> Jouer un méchant tour.
> On ne vit pas d'amour !

D'ailleurs la noce ne fera retardée que jufqu'à ce foir. Je vous en renouvelle ma parole ; allons, il faut convenir que nous l'avons tous échappé belle.

Air.

Jouiffez d'une paix charmante :
L'hymen enfin comble vos vœux ;
La victoire en eft plus brillante,
Quand le combat fut périlleux.

VALERE.

D'Emilie la deftinée
Eft jointe à Valére en ce jour ;
Flore la verra couronnée
Par les mains d'Hymen & d'Amour.

EMILIE.

Que cette heureufe matinée
Soit l'aurore des plus beaux jours ;
Que, fous les loix de l'hymenée,
Nous voyions regner les amours.

DUO.

EMILIE à VALERE.

Jouiffons d'une paix charmante,
L'hymen enfin comble nos vœux ;
La victoire en eft plus brillante
Quand le combat fut périlleux.

QUATUOR.

Mmes LE GUÉ & LE PAGE.	EMILIE & VALERE
Jouiffez d'une paix charmante,	Jouiffons d'une paix charmante,
L'himen enfin comble vos vœux ;	L'himen enfin comble nos vœux ;
La victoire en eft plus brillante,	La victoire en eft plus brillante ,
Quand le combat fut périlleux.	Quand le combat fut périlleux.

VAUDEVILLE,
Chanté par les Fées.

EMILIE.

CHAQUE mortel, grand & petit;
Pour le rendre heureux, a sa Fée,
Qui le conseille à petit bruit,
La nuit, dans les bras de Morphée;
Pour moi,
J'exerce mon emploi
Auprès de Céphise,
Mise
Comme Flore dans le printems;
Et pourtant,
La vieillotte, en cheveux coiffée,
D'un ton mignard
Blâme le fard,
Grace à sa Fée.

II.

Si quelque galant villageois;
Trop timide auprès de Javotte
Près d'elle reste tout pantois,
Et n'ose toucher sa menotte;
J'accours,
Je viens à son secours;
Je vole à son aide,
J'aide
De mes conseils le bon rustaut;
Et bientôt
Rustaut se voit le Coriphée
Des amans vifs,
Pressans, actifs,
Grace à sa Fée.

I I I.

Mondor, vieil & prodigue amant
D'une Prêtresse de Cythere,
En tête-à-tête la surprend
Le soir avec un Mousquetaire;
   Soudain
  Il peste, fait le train;
  Mais que la parjure
    Jure
Qu'elle adore son laid hibou,
   Le vieux fou,
De la coquette fieffée
   Croit le serment
   Et vit content,
   Grace à sa Fée.

I V.

Un Commis, qu'on voit s'oublier;
Porté par la fortune & l'âge,
Loin de son frere le Fermier,
Devient en Cour un personnage;
   Le Grand
  Encense, en souriant,
  L'idole de boue,
    Loue
A l'excès le pauvre nigaud.
   Le Courtaut
De sa sottise fait trophée;
   Et s'applaudit
   De son esprit,
   Grace à sa Fée.

V.

Un Auteur beaucoup se promet
De sa piece, mais le Parterre
Détruit, d'un seul coup de sifflet,
Une illusion mensongere :

L'Auteur,
Que l'espoir séducteur
A face riante,
Tente,
Imprudemment, bientôt après,
Des sifflets
Oublie la triste bouffée ;
Sa muse encor
Reprend l'essor,
Grace à sa Fée.

Au Parterre.

V I.

Pour vous divertir un moment,
Et mériter votre suffrage,
L'Acteur emploie le talent
Qu'il eut de sa Fée en partage.
S'il sait
Bien chanter un couplet ;
S'il peut au Parterre
Plaire,
Et que vous daigniez applaudir,
Quel plaisir
Pour l'Auteur & pour son Orphée !
Ce couple heureux
Rendra, Messieurs,
Grace à sa Fée.

(*On reprend la danse des Fées & des Satyres.*)

F I N.